历代防疫故事

历代防疫故事

LIDAI FANGYI GUSHI

刘波 侯若愚 著

河南大学出版社
HENAN UNIVERSITY PRESS
·郑州·

图书在版编目(CIP)数据

历代防疫故事/刘波,侯若愚著. —郑州:河南大学出版社,2021.1
ISBN 978-7-5649-4542-8

Ⅰ.①历… Ⅱ.①刘…②侯… Ⅲ.①瘟疫-医学史-中国 Ⅳ.①R254.3-092

中国版本图书馆 CIP 数据核字(2021)第 006436 号

橙果文化传媒(深圳)有限公司出品
历代防疫故事 Lidai Fangyi Gushi
责任编辑 时 娇
责任校对 毛晓旭
封面设计 闫亚丹

出版发行 河南大学出版社
    地址:郑州市郑东新区商务外环中华大厦 2401 号 邮编:450046
    网址:hupress.henu.edu.cn
    电话:0371-86059750(大众读物分社)
        0371-86059701(营销部)
排 版 河南金河印务有限公司
印 刷 河南瑞之光印刷股份有限公司
版 次 2021 年 1 月第 1 版
印 次 2021 年 1 月第 1 次印刷
开 本 710 mm×1010 mm 1/16
印 张 6.75
字 数 39 千字
定 价 28.00 元

(本书如有印装质量问题,请与河南大学出版社营销部联系调换。)

前　言

庚子年伊始,新冠疫情突袭而至,并且来势汹汹,中华民族经历了一场惊心动魄、艰苦卓绝的新冠肺炎疫情大战,这场防疫战斗直到今天还没有结束。

在中华民族苦难辉煌的历史中,我们不是第一次面对瘟疫,伤寒、霍乱、鼠疫、血吸虫病、SARS(严重急性呼吸综合征)……我们经历了很多,但我们从未被击倒。"宝剑锋从磨砺出,梅花香自苦寒来。"每一次疫情的侵袭,只能让中华民族更加刚毅坚卓,更加众志成城。今天,面对新冠疫情的巨大挑战,在以习近平同志为核心的党中央的带领下,我国政府坚持把人民生命安全和身体健康放在第一位,以非常之举应对非常之事,以敢于斗争、敢于胜利的大无畏气概,以生命至上、举国同心、舍生忘死、尊重科学、命运与共的伟大抗疫精神,取得了全球最佳的巨大成果。这份成果的取得,离不开许多坚忍不拔的"逆行者",离不开许多义无反顾、舍生忘死、医术高超的医学专家。

  本书整理了历史上名医先贤的防疫故事,有张仲景、华佗、孙思邈等,力求借助讲述我们民族历史上"最美逆行者"的故事,向读者呈现中华英雄儿女优秀的品格、朴素的家国情怀、高尚的道德情操,以此弘扬社会主义核心价值观。同时,本书还介绍了一些自古以来有关防疫的民俗趣闻及小知识,以帮助读者提高个人防护意识。若有不当之处,还请读者谅解。

前　言

"天行健,君子以自强不息。"朋友们,只要我们在任何困难和风险面前都不放弃、不退缩、不止步,我们伟大的中华民族必将一路向前!

谨以此书,向伟大的抗疫英雄致敬!

目 录

第一章 历代先贤防疫故事 …………………… 1

张仲景防疫故事 …………………………… 3

华佗治疫故事 ……………………………… 10

葛洪治疗狂犬病 …………………………… 21

葛洪治疗恙虫病 …………………………… 28

李东垣治瘟疫 ……………………………… 32

李时珍验证蕲蛇酒治麻风病 ……………… 38

第二章 历史防疫故事小趣闻 ………………… 45

除夕饮屠苏酒 ……………………………… 47

1

春节打醋炭 ·············· 53

元宵节防疫民俗 ·············· 56

端午节也是防疫节 ·············· 61

六月初六天贶节 ·············· 70

重阳节防疫活动 ·············· 72

送瘟神 ·············· 77

第三章 预防新型冠状病毒感染的生活要素 ··· 83

预防新型冠状病毒感染，我们需要怎么做

·············· 85

正确佩戴口罩 ·············· 88

七步洗手法 ·············· 89

居家防护 ·············· 91

出门在外，我们要怎么做 ·············· 92

第一章 历代先贤防疫故事

张仲景防疫故事

张仲景,名机,字仲景,南阳郡(治今河南南阳)人。东汉末年战乱频发,瘟疫肆虐,民不聊生。张仲景目睹民间疾苦,辞去长沙太守之职,立志学医,用自己的医术拯救百姓。他广泛搜集民间药方,结合自己的临床经验,写成医学巨著《伤寒杂病论》。张仲景被后人称为"医圣",这是后人对他高超医术和高尚医德的肯定和赞颂。

距今1800多年前,在南阳郡涅水北岸的涅阳县,一个男孩诞生了,父亲给他取名为机,字仲景。这个男孩,就是后来中外皆知,被后人尊为"医圣"的大医学家张仲景。

张仲景出生的年代，正值东汉后期，因为连年战争，所以经常有瘟疫暴发。每次瘟疫暴发，都有许多无辜的老百姓被疾病折磨致死。面对如此悲惨的景象，张仲景想帮助百姓解除病痛。

正巧张仲景的叔父张伯祖是当时南阳郡一带的名医。有一天，邻村的一位农民染上了伤寒，来请张伯祖去看，当时张仲景正好在叔父家里，于是张伯祖便带着张仲景一起去给病人诊治，经过用药，患者脱离了危险。

张仲景亲眼看到叔父用高超的医术解除了患者的痛苦，心里赞叹不已，也想要学习医术，成为一名大夫，悬壶济世。

自此以后，张仲景在叔父的指导下，读完了《黄帝内经》《难经》等典籍。他还跟着张伯

第一章 历代先贤防疫故事

祖外出治病,走遍了田野的每一个角落,搜集了许多民间治病的药方,博采众长,医术越来越高,找他看病的人也越来越多。只要有人找他治病,他就立即前往,认真诊断。为了提高自己的医术和采集民间药方,张仲景经常云游行医。

有一次,张仲景云游到了南阳城,发现城里发生了瘟疫。

他遇到两个人抬着一个逝者,于是上前查看,观察后他判断说:"这个人应该是得了瘟疫去世的。"大家一听大惊失色,纷纷收拾东西,用布包上头脸,向城外走去。张仲景马上来到南阳的郡守府告诉官吏,城里已经发生了瘟疫,要赶紧采取措施预防瘟疫扩散才行。

官府怕瘟疫扩散,下令城内百姓不得出城。由于上报及时,百姓们被劝回,没有造成大的扩散。

张仲景也带着弟子留下来,投入瘟疫的诊治中去。他命人从南阳的伏牛山里采集和收购草药,用洗、烘、炮、炒、漂、蒸、煮等方法对药材进行炮制,使其能够发挥最大药效。张仲景将炮制好的药材交给徒弟去煎药,徒弟借来大锅,煎药发给百姓服用。

在给疫区的病人诊治的时候,张仲景教大家在疫情期间做好自身的防护,勤洗手,多洗浴,做好清洁,用布掩住口鼻,等等。这也有效地预防了疫病的传播。

张仲景根据搜集到的资料,新创了许多方剂,这些方剂疗效显著,救治了许多患者的生命,他成为一代名医。因医术出众,张仲景被荆州刺史刘表举荐为长沙太守。

当时的官员任命是"举孝廉"制,张仲景博

第一章 历代先贤防疫故事

览群书,医术高超,在百姓中很有威望,于是朝廷根据刘表的举荐,征召张仲景为长沙太守。

张仲景任长沙太守期间,也正值瘟疫流行,为了救治百姓,他把医馆搬到了长沙府衙的大堂,公开坐堂应诊。他让人在衙门外贴出告示,定于每月初一和十五两天让有病的百姓进衙,他坐在大堂上,挨个仔细地为百姓诊治。张仲景这一义举,被传为千古佳话。后来人们为了纪念张仲景,便把坐在药铺里治病的医生通称为"坐堂医生"。

不久,汉朝又暴发了一次大规模的伤寒疫病,百姓死亡无数。张仲景家族有二百余人,疫病后仅幸存三分之一。张仲景毅然辞去太守职务,深入民间为百姓治病,并发誓一定要研究出治疗伤寒的方法,一定要制服伤寒这个"瘟神"。

经过十几年的不懈努力，在认真总结前人医学理论的基础上，结合自己丰富的临床实践，张仲景终于写成了《伤寒杂病论》。书中包括伤寒和杂病两个部分，系统地分析了伤寒的原因、症状、发展阶段和处理方法，创造性地确立了"六经分类"的辨证施治原则，奠定了理、法、方、药的理论基础。《伤寒论》至今仍是中国中医院校开设的主要基础课程之一，是中医学的重要源泉之一。

《伤寒杂病论》与《黄帝内经》《难经》《神农本草经》合称"中医四大医典"。这本书也成就了张仲景的"医圣"之名。华佗读了他的《伤寒杂病论》后也十分兴奋地夸赞说："这真是救命的书啊！"

张仲景在《伤寒杂病论》中说："进则救世，退则救民；不能为良相，亦当为良医。"这体现了张仲景高尚的医德医风,他所追求的这种境界也成为后世医家的指路明灯,为我们留下了宝贵的精神财富。

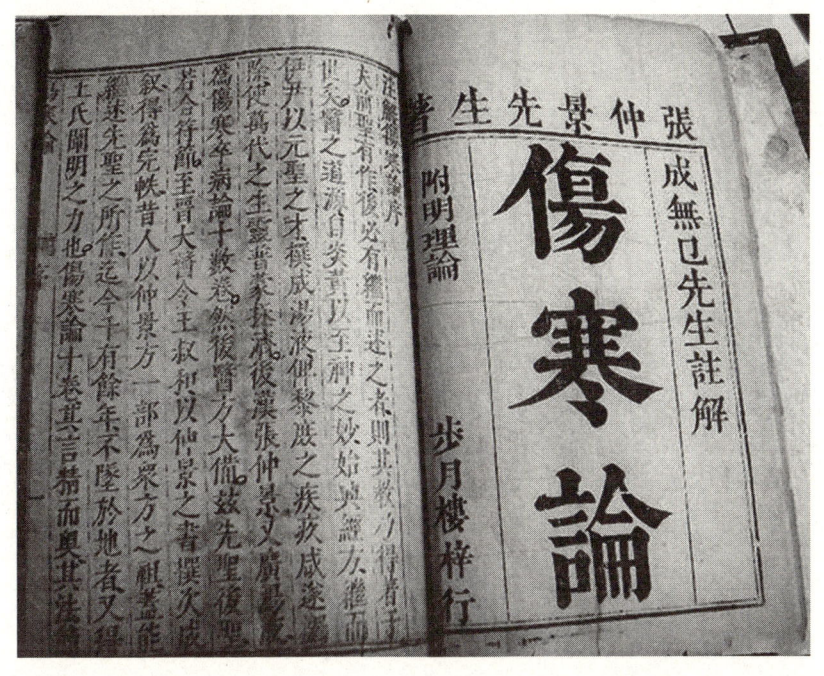

张仲景《伤寒论》(《伤寒杂病论》的伤寒部分)

华佗治疫故事

华佗,沛国谯县(今安徽亳州)人,东汉末年著名的医学家,一生钻研医术,救人无数。他医术全面,尤其擅长外科手术,被后人称为"外科圣手""外科鼻祖",并精通内科、妇科、儿科、针灸等。相传他是发明了麻醉药"麻沸散"。

东汉后期,华佗出生在沛国谯县的一个士族家庭。谯县盛产药材,而且水陆交通比较发达,自古以来就是一个药材集散中心。

华佗从小读书时就很注意积累医药学方面的知识,读了很多医药类的典籍,又在实践

第一章 历代先贤防疫故事

中不断钻研,成了历史上的一位名医。

《三国演义》里面就有不少关于华佗的故事。东吴的武将周泰为了保护孙权,身受重伤,命悬一线,幸亏华佗医术高超,妙手回春,挽救了周泰的生命。从此以后,华佗声名大振。

还有华佗为关羽刮骨疗毒的故事。传说关羽在樊城被毒箭射中胳臂,毒已入骨,华佗用尖刀割开关羽的胳臂,再刮去骨头上的毒,救了关羽。但其实关羽战樊城是在公元219年,而华佗死于公元208年,他不可能为关羽刮骨疗毒。

华佗认为人要多运动,身体才健康,他创编了一种活动身体的健身操,叫五禽戏,包括虎戏、鹿戏、熊戏、猿戏和鸟戏。五禽戏的动作是模仿虎扑动上肢,鹿伸转脖颈,熊伏倒站起,猿脚尖跳跃，鸟展翅飞翔。练习五禽戏可以使身体灵活，强身健体，防治疾病。

华佗是个好老师，他一生弟子众多，其中彭城（今江苏徐州）人樊阿、广陵（今江苏扬州）人吴普都是当时有名的医生。吴普著有《吴普本草》，樊阿擅长针灸。

每天慕名来找华佗求医问诊的人很多，华佗安排吴普先诊治病人，当吴普碰到疑难杂症解决不了的时候，华佗就亲自给病人把脉诊治。

有一天，华佗带着弟子们上山采药，遇到一位老人，他全身发黄，皮肤水肿，脚步蹒跚地拄着拐杖行走。华佗看出这是黄疸的症状。在当时，黄疸是一种比较流行的疾病，十分难治，没有好的治疗办法。华佗可怜老人，为他免费治疗，诊断后，他认为老人的病情十分严

第一章　历代先贤防疫故事

重,有生命危险。

可是,半年后,华佗再次遇到这位老人,老人不仅没有死,反而和健康人没有什么区别。华佗十分惊讶。于是,他问老人他的病是谁治好的,用了什么药。老人却说没有治疗过。华佗更奇怪了,没有吃药,难道这病是自己好的?不可能呀!

于是,华佗询问老人最近吃了什么与平常饮食不一样的东西。

老人回答说:"也没有吃什么,我就是上山挖野菜,挖了几个月的茵陈吃,现在感到腿脚有点力气了,连拐杖也不用了。"

茵陈,俗称白蒿,是一种常见的中草药植物,性微寒,味苦辛,有良好的清热解毒、利尿除湿作用。因为它经冬不衰,到了春天又会在陈根上发出新芽,所以叫茵陈。

茵陈

这时，华佗意识到，茵陈可以治疗当下流行的黄疸病。从此以后，华佗遇到患黄疸的病人，就告诉他们去采茵陈吃。不过说来也怪，病人吃了茵陈以后，有时候见好，有时候不见好。

第一章 历代先贤防疫故事

华佗和他的弟子们花了三年时间观察茵陈,对茵陈的药效进行了反复的试验,发现茵陈治疗黄疸的功效有很强的季节性。茵陈在清明前后万物生发的三、四月份采摘,药用效果最佳,到五、六月份茵陈发叶生枝,力量分散,就没有多大药效了。华佗感慨地对弟子说:"大自然奥妙无穷,看来我们不知道的还有很多呢!"

华佗用春天的茵陈嫩叶救治了许多黄疸病人。民间亦有"三月茵陈四月蒿,传于后世切记牢。三月茵陈能治病,五月六月当柴烧"之说。

当然,现在要治疗黄疸,病人只需要到医院去,医生会提供对症的药物,病人再也不需要吃茵陈来治病了。由于东汉后期医疗条件有限,医学不够发达,当时治疗黄疸这种病,可能茵陈就是最好的选择了。当时的医疗水平与现在是没有办法相比的。

但是,医学也是经一代代医生的不断探索,慢慢地发展到现在的水平。这离不开一代一代像华佗这样的医家的不断努力。正是他们一点一滴地不断积累,你添一块砖我加一块瓦,才有了现在的中医学,后人才有了更好的医疗手段和措施。

古人不畏挫折,一直在实践中探索,为后人积累了宝贵的经验,使我们有了更先进的治疗手段,人类的寿命也一代比一代更长。

当时,寄生虫引起的疾病也比较多。一天,华佗走在路上,看见有个人患了咽喉堵塞的病,想吃东西却不能下咽,家里人用车载着他去求医。华佗听到病人的呻吟声,就上前为他诊治,他告诉病人和家属:"刚才我来的路上

第一章　历代先贤防疫故事

有家卖饼的,有蒜泥和醋,买一些给病人吃,病痛自然会好。"他们马上照华佗的话去做,病人吃下后立即吐出了小虫。他们把虫悬挂在车边,到华佗家去拜谢。华佗还没有回到家,他的两个孩子在门口玩耍,迎面看见病人及其家人,就说:"像是遇到咱们的父亲了,车边挂着的虫就是证明。"病人进屋坐下,看到华佗屋里北面墙上悬挂着十几条这类寄生虫的标本。

华佗嘱咐病人勤洗手,尤其是饭前便后要洗手;水煮沸了才能喝,食物必须煮熟了再吃。这样就会减少得寄生虫病的概率。对寄生虫病,我们现在有了更先进的治虫药,不需要通过吃蒜和醋来治疗。

关于华佗的死,《三国演义》中说,曹操得了头风,华佗对曹操说,想要彻底根除头风,必须先用麻沸散麻醉,再用锋利的斧头剖开头盖骨,取出大脑里面的风涎。疑心病重的曹操怀疑华佗要借机谋害自己,于是杀了华佗。这是小说的演绎,在古代的医疗条件下进行开颅手术是无法想象的。而我们现在可以用颅脑CT和磁共振判断颅脑内的病情,在无菌的手术室中,去做外科的开颅手术,治愈颅脑内生的病。

但是华佗的死确实和曹操有关。曹操患有头风病,华佗给他针灸后缓解了不少,曹操就想留华佗做他的专职医生。可是,华佗想念家乡,不愿意专为一个人治病,想要为更多的病人治疗,就借口妻子生病告假回了家。华佗回乡后,曹操三番五次派人催促华佗前往其府里担任侍医。可是,华佗总是以妻子的病还没好为借口不肯前往。

有一次,曹操派人去华佗家里探察,并下令如果发现华佗的妻子没有生病,就把华佗抓

第一章 历代先贤防疫故事

起来。来人通过仔细把脉发现华佗的妻子只是装病,就把华佗抓进了监狱。

这时,有个军吏李成来找华佗求药。原来,李成得过一种病,咳嗽不停,还吐血,华佗给他治好了,还给了他一些药,并告诉他如果十多年后疾病复发,就吃这个药。可是,李成的朋友也得了同样的病,李成善良,把药给了朋友,自己就没药了。于是他特意从外地赶来向华佗求药。没想到碰到华佗被抓,李成无法求药了。十多年后,李成果然旧病复发,无药可吃,就死了。

曹操的手下荀彧劝曹操说:"华佗医术高超,他的生死关系到很多人的性命,应该宽大处理。"但曹操听不进去。

华佗在狱中写了一本医书,临死之前交给狱吏,说这本书可以拿来救人。可是狱吏害怕，不敢接受，华佗无奈，把书扔进火里烧掉了。

曹操杀了华佗没多久，他最喜爱的儿子曹冲得了重病，最终不治身亡。曹操十分后悔杀了华佗。

葛洪治疗狂犬病

葛洪,字稚川,东晋丹阳句容(今属江苏)人,出身江南士族。他是著名的医药学家、养生家、文学家、道教理论家,也是岭南医学的开山鼻祖,自号抱朴子。著有《肘后备急方》《抱朴子》《玉函方》等。其中《肘后备急方》记载的青蒿截疟启发屠呦呦发现了青蒿素。

葛洪是中国古代非常值得研究的大医学家。我国获诺贝尔生理学或医学奖的科学家屠呦呦,就是从葛洪的《肘后备急方》中提到的"绞汁"做法,领悟到高温会破坏青蒿素的有效成分,在改用沸点比较低的乙醚后,她获得了纯度更高的青蒿素。对治疗有抗药性的疟疾来说，青蒿素比奎宁更安全，副作用更小。从这一点上可以说，葛洪的医书泽被后世。不止葛洪，我国古代很多医学家的探索和实践都给后人留下了宝贵的医学财富。

葛洪从小就喜欢读医书，长大后潜心研究医术，成了东晋有名的医学家，老百姓有什么急病重病，常找他医治。

有一次葛洪行医时，走到了灵峰山下，休息时听路人说起一种怪病，据说得这种病的人非常痛苦，受不得一点儿刺激，只要听见一点儿声音，就会抽搐痉挛，甚至听到倒水的声响也会抽风。葛洪听后十分好奇。他心想，这是什么病呢？

听完路人七嘴八舌的议论，葛洪向路人询问病人的住址，带着好奇和疑问去病人家里一探究竟。

葛洪见到病人时,病人正裹着被子发抖抽搐,屋子里的帘子拉得严严实实。果真如路人所言,他极度恐水,不能见水,对光也很敏感,还怕风。

葛洪询问他的家人,得知他的病是被疯狗咬伤所致。

葛洪诊治以后,就地取材,捣药煎药。他开的药方,用的都是他在行医过程中收集和筛选出来的价格便宜、容易获得、疗效显著、能够备急的药材。他写的《肘后备急方》,书名的意思就是可以常常备在身边的应急药方,想要让普通百姓花很少的钱就能治病和用药。

葛洪给病人递药的时候差点被病人咬到,好不容易喂下药,竟然毫无效果。

葛洪《肘后备急方》内页

葛洪想，一定是狗嘴里有毒，毒从伤口侵入人体，使人中了毒。

葛洪想着各种各样的药方。忽然，他有了主意：中医讲究"五行相克，阴阳相谐"，既然人的五脏能够对应五行,那么疯狗身上的病毒也应该有物质与其相克啊!他想,能不能从疯狗身上想想办法呢?

葛洪便对病人的父亲说:"我想用疯狗的脑髓涂在你儿子的伤口上,或许能让他脱离危险。"病人的父亲听从葛洪的建议,把疯狗捕来,取出脑髓,敷在患者的伤口上。

没承想,这方法还真管用。病人的病情竟然渐渐好转了,而且从此以后再也没有发病。葛洪欣喜不已,急忙将这个方法记录在《肘后备急方》里。自那以后,葛洪又用这种方法治好了许多被疯狗咬伤的人,并吩咐人们如果见到了疯狗的尸体,必须挖坑深埋或者焚烧。

以前的时候,遇到疫情,人们会把传染源深埋或用火焚烧,这都是防止瘟疫扩散的手段,可以起到防止疾病传播的作用。并且严禁将传染源扔到江河湖泊里去，以免造成饮用水的污染，导致疫情扩散。

葛洪所著的《肘后备急方》是中国第一部临床急救手册，该书主要记述治疗各种急性病症的药方，并记载个别病的病因、症状等。用疯狗的脑髓敷在伤口治疗狂犬病，被认为是中国免疫学思想的萌芽。

近代医学证明，病犬的脑髓和唾液中，均有大量的狂犬病毒存在。人被病犬咬过以后，狂犬病毒通过伤口侵入人体，会导致狂犬病发作。法国著名的生物学家巴斯德便是从病犬的脑组织中分离出狂犬病毒，把它加以培养，制成病毒疫苗，用来预防和医治狂犬病。巴斯德所用的原理和葛洪使用的方法一致，但从时间上来看，巴斯德的发明比葛洪晚了上千年。

而今天的我们，如果被狗咬伤，也根本无

须敷疯狗的脑髓"以毒攻毒",我们去医院打疫苗和接受治疗就可以了。这样看,我们比古代人幸福太多了。相信随着医学的进步,我们的后人会比我们更加幸福,而这幸福,是一代一代的医者努力探索的成果。他们是医学领域的先驱,是我们应该敬仰的人。

葛洪治疗恙虫病

葛洪在游历、寻找用于炼丹的矿石期间，曾遇到过两种传染病：天花和恙虫病。他是我国最早将这两种传染病记录下来的人。

恙虫病属于自然疫源性疾病，葛洪称之为"沙虱热"。这种病的主要传染源是啮齿类动物，传播媒介为恙螨幼虫。这种病起病急，病人有发热、皮疹、淋巴结肿大、肝脾肿大等症状，被恙螨幼虫叮咬处会出现焦痂。

葛洪在广东罗浮山隐居时，无意间发现当地居民很容易得一种怪病，这种怪病没有任何征兆，病人发病几天后就会死去。

第一章 历代先贤防疫故事

葛洪前往病人家中探察,他发现,病人发病时身上都会出现小红点,用手触碰时病人会感觉非常刺痛,后期会发疮,最后病入膏肓而亡。葛洪认为一定是某种外界因素引起了这种疾病。

为了确认自己的想法,葛洪进一步察看病人周围的环境。他发现岭南地区山间有很多沙虱,沙虱会趁着人们洗浴或者阴雨天在草木间行走时钻进他们的皮肤中。一次,葛洪在为身染怪病的老人诊治时发现老人的会阴及腿部有虫咬的痕迹,这让葛洪更加确认老人所患的疾病就是因为被沙虱咬了引起的。于是,他用针挑出虫子,用灸法为老人治疗,就这样治了三四次,老人的病逐渐好了。

此后村民凡是得此怪病,就找葛洪治疗,而且越早治疗效果越好。

葛洪告诉前来治病的村民，一定要注意打扫室内外卫生，如果不注意卫生，疾病就会随之而来。

他嘱咐村民劳动后及时洗澡，被褥和衣物要常常用热水熏蒸；在沙虱流行的季节尽量不要在草地上坐卧，及时铲除家里的杂草；晾晒衣被时不要直接放在地上，应用棍子支起来，或晾晒在绳子上。这样一来，患恙虫病的人大大减少了。

葛洪对医术有着无限的热情，医术高超，在当时缺少检查设备的情况下，仅靠一双手和一个药箱就治愈了许多疑难杂症，着实令人钦佩。

直至20世纪初，国外才逐渐发现了恙虫病的病原体是一种比细菌小得多的"立克次氏体"。而葛洪早在1000多年前，在没有显微镜的情况下,就把恙虫病的病原体、病状、易传染的地点、感染的途径和如何预防弄得较为清楚,还指出此病多发于岭南,与今天的临床所见竟毫无二致。这非常了不起。

李东垣治瘟疫

李杲,中国金元时期著名医学家,字明之,晚年自号东垣老人,所以大家也喜欢叫他李东垣。

李东垣的老师是名医张元素,张元素的这个徒弟可不简单,可谓青出于蓝而胜于蓝,后世成就比张元素还大,位列"金元四大家",是中医"脾胃学说"的创始人。

我们现代人特别注重脾胃健康,这个观念就是从李东垣那里流传下来的,他认为五行当中,脾胃属于土,土生万物,所以脾胃是健康的根本。

第一章　历代先贤防疫故事

古代人的思想是"万般皆下品，惟有读书高"，很多人选择从医是为了养家糊口，是无奈之举。而李东垣家境富裕，李家是当地首富。李东垣知书达理，为人谦恭，走仕途本是水到渠成之事，但是李东垣因母亲生病，百药无效，最后病故，于是发奋学医，到河北易水拜师，最终学成。

李东垣生活在金元政权更迭之际，战事连连。李东垣22岁时，听从父亲的安排，到河南济源做官，此时他并没有以行医为业。然而，就在李东垣刚刚走马上任不久，当地就暴发了一场可怕的瘟疫。

那一年的春天，河南一带回温较早，由于气候偏干燥，很多老百姓出现了像感冒一样的症状，发热恶寒，浑身无力。随着病情的进展，多数患者又出现了头面肿大的症状，病情严重的甚至肿得眼睛都睁不开了,很多人因此而丧命。后来,这种疾病开始蔓延,人们害怕得都不敢出门。

医生们也很慌乱,面对这么严重的疫情,如何去控制呢?大家绞尽脑汁,试了许多方子,有解表的,有攻下的,有尝试涌吐方法的,但是都不起效,疫情继续蔓延。医生们还给这个病起了一个形象的名字,叫作"大头天行"。

李东垣这时也坐不住了,身为一名学医之人,无法对这种情况视而不见。他苦思冥想,想要找到治疗这种要命的疾病的方法。李东垣走访了许多患者,发现他们大都躺在床上,头面肿大,呼吸困难,病情危重。

经过认真思考分析,李东垣认为,此病的主要表现是头面肿大,发热咽痛,也就是说有火热病邪聚集在了人体的上焦,如果用泻下的

第一章　历代先贤防疫故事

方法,只能解决中、下二焦的火热,药物作用方向与病势相反。如果用解表的方法,又无法祛除邪热,那如何来治呢?

李东垣像

李东垣回到家中,一边翻阅藏书,一边思考如何做到药症相合。慢慢地,他对疫病的性质、发展趋势逐渐有了清晰的认识。李东垣有了思路，最终写下一方：黄芩、黄连各15 g，陈皮、甘草、玄参、柴胡、桔梗各6 g，连翘、板蓝根、马勃、牛蒡子、薄荷各3 g，僵蚕、升麻各2 g。方中重用黄连、黄芩清热泻火，祛上焦头面热毒为君，以牛蒡子、连翘、薄荷、僵蚕辛凉疏散头面风热为臣。玄参、马勃、板蓝根加强清热解毒之功；配甘草、桔梗以清利咽喉，陈皮理气疏壅，以散邪热郁结，共为佐药。升麻、柴胡疏散风热，并引诸药上达头面，起辅助的作用。诸药配伍，共收清热解毒、疏散风热之功。

许多患者按这个方子服药后，就有胃口了，渐渐可以吃些东西，再过几天，症状逐渐都好起来了。疗效这么好的"灵丹妙药"，马上在百姓中一传十，十传百，流传开来。求药方之人络绎不绝。

后来，为了传抄方便，有人想办法将方子

以及用法刻在了各村路口处。如果哪年再遇到这种大头瘟疫，可以用此方来解除病痛，拯救黎民。这个药方就是今天中医院校方剂学课程中非常重要的一个方子，名为"普济消毒饮"。

李时珍验证蕲蛇酒治麻风病

李时珍,字东璧,晚年自号濒湖山人,明代著名医药学家,蕲州(今治湖北省蕲春县)人。曾担任楚王府奉祠正、太医院院判。去世后,朝廷敕封他为"文林郎"。

在行医期间,李时珍发现历代本草都有一些谬误和缺漏,于是下定决心重新编订。他耗费二十七年时间,三次编修之后,完成了《本草纲目》这部巨著,共有五十二卷,后人因此称他为"药圣"。

李时珍在编修本草的时候,对每一种要收录的药物都极其认真,对它的形状、样貌和特性都描写得非常清楚。因此,他需要反复观察和试验,去伪存真,然后记录在《本草纲目》中。

《本草纲目》中有蕲蛇泡酒治疗风瘫疠风的记载。疠风,又名风癞、麻风,是一种严重的慢性病,主要侵袭人的皮肤、神经系统及内脏,是我国古代常见的传染病之一。

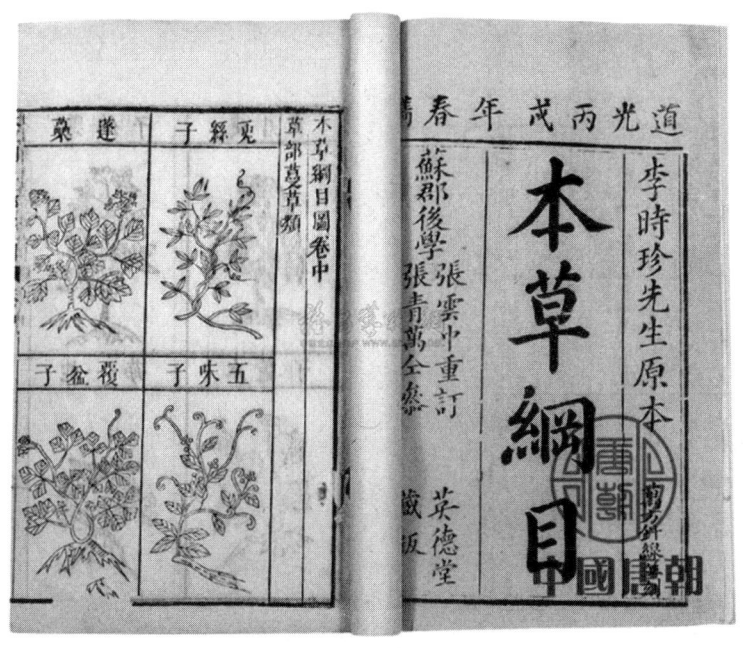

《本草纲目》道光时印本

传说在明朝时期,有一对青年男女为了逃

婚,到了湖北的蕲州。不久那位男青年就生病倒在了客栈,姑娘找来郎中为他诊治。郎中发现男青年遍身疥癣,患的是麻风病,吓得连诊费也不收就走了。客栈老板要将他俩赶出去,姑娘再三向客栈老板求情,老板才勉强同意让他俩在客栈后的一间破瓦房里住下。不久,两人的钱花光了,为了糊口,姑娘就沿街乞讨。

有一天,姑娘讨饭到很晚还没回来。男青年在破屋里等得又渴又饿,实在受不了了,想找一点儿吃的或喝的东西。说来也巧,他竟在一个角落里找到了半瓮酒。他用碗舀起来就喝,一连喝了几大碗,然后就醉醺醺地睡着了,醒来后竟感到周身舒服多了。此后,他无论是渴还是饿,每天都去舀瓮里的酒喝,喝了就睡。日子一长,身上的病竟然好了,精神也振作起来了。

第一章 历代先贤防疫故事

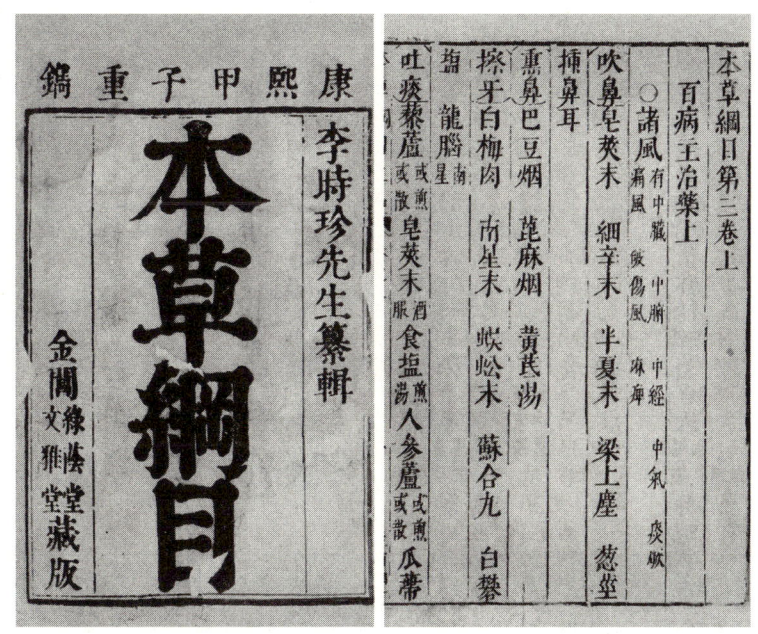

《本草纲目》康熙时印本

客栈老板一瞧,病人竟痊愈了,忙问他俩是怎么医好的。男青年指着那酒瓮说:"是喝你的酒治好的。"老板哪里相信,忙派人请来名医李时珍,把情况一说,李时珍叫人把那酒瓮抬到屋外亮处,仔细一看,发现酒瓮底部有一条蛇,蛇身都已经快泡化了。

李时珍请人来辨认一下这是什么蛇,有人

说是蕲蛇。蕲蛇是一种产于蕲州的白花蛇,据前人的医书上记载,蕲蛇制成药材后对风湿和中风等疾病有神奇的疗效。李时珍说:"是不是这条蕲蛇在起作用呢?"

为了验证自己的猜想,李时珍就想再弄来一些蕲蛇,做一下试验。但是前人所著的医书上关于蕲蛇的形态和特征的记载不是很清晰,李时珍决定亲自去市场上观察蕲蛇。

到了市场,里面人声鼎沸,叫卖声不绝于耳。李时珍穿梭于人群之间,寻找卖蕲蛇的摊位。李时珍接连看了好几家摊位,发现这些售卖的蕲蛇在花纹和形体上都有很大差异,心里很奇怪,到底哪种才是蕲蛇呢?

问了很多人以后,一位老人悄悄告诉李时珍,原来市面上的很多并不是真正产于蕲州的蕲蛇,如果需要的话,最好找当地人带着去捕蛇。

李时珍在山脚下寻到了捕蛇人,对他说明了来意。捕蛇人听了之后,答应带他上山抓蛇。捕蛇人带李时珍到了蕲蛇常常出没的地方,这是一处山洞,外面杂草丛生,多石楠藤蔓。

两人在一处灌木丛中蹲了下来,耐心等待蕲蛇的出现。

太阳偏西的时候,一条七八寸长的蕲蛇从山洞里出来,慢慢爬上石楠藤蔓,吃着上面的花叶。说时迟那时快,捕蛇人向蕲蛇身上撒了一把黄土,然后将铁叉飞掷过去,那条蛇被钉住后还在挣扎,俩人又等了一会儿,蛇就一动不动地躺在那里了。

两人将蕲蛇带回捕蛇人的家里,李时珍仔细观察了一番,认定这才是真正的蕲蛇。李时珍付给捕蛇人报酬之后，将蕲蛇带回家制成蕲蛇酒，试治了一些麻风病人，也都很有成效。李时珍在撰写《本草纲目》的时候，把蕲蛇的功效写进了书中。

麻风病在古代是一种非常严重的传染病，很多朝代如果发现麻风病都要隔离病人，以防传染他人。秦朝还有专门为麻风病人准备的"迁所"。如今，有了麻风疫苗，麻风病患者已经非常少见了。看完李时珍的故事，不是说让我们喝蕲蛇酒或者验证本草药效，因为现在的医疗水平已经很发达，去医院治病肯定比自己看书吃本草上记载的药物更加科学和有效。我们是要学习李时珍这样认真验证、一丝不苟的科学精神。

第二章 历史防疫故事小趣闻

除夕饮屠苏酒

"爆竹声中一岁除,春风送暖入屠苏。千门万户曈曈日,总把新桃换旧符。"宋代诗人王安石的《元日》诗生动而形象地描绘出古时过年的欢乐景象,也道出了古人过年饮屠苏酒之风俗。

诗中的"屠苏"是指屠苏酒,饮屠苏酒是古代过年时的一种风俗。每逢农历正月初一清晨,全家坐在一起共饮屠苏药酒。

梁朝宗懔在《荆楚岁时记》里写道:"正月一日……长幼悉正衣冠,以次拜贺。进椒柏酒,饮桃汤。进屠苏酒,胶牙饧。"陆游在《除夜雪》中写道:"半盏屠苏犹未举,灯前小草写桃符。"也是说的大年初一喝屠苏酒的风俗。由此可见,春节贴桃符、喝屠苏酒的风俗延续了很长时间。

古人饮屠苏酒图

那么,什么是屠苏酒呢?

屠苏本来是一种阔叶草。南方民间有在房屋上画屠苏草作为装饰的风俗,这种房屋就叫作"屠苏屋"。有人说屠苏酒是在这种房子里酿的,所以被称为"屠苏酒"。

据说屠苏酒是由东汉末年的名医华佗发

明的，是将一些中草药浸入酒中制成。这种药酒具有益气温阳、祛风散寒、避除疠疫的功效。后由唐代名医孙思邈流传开来。

唐朝时，有一年江南一带暴发了大瘟疫。恰巧，药王孙思邈云游采药来到了常州一带，住在了城外的一所屠苏庵中。他听说城中有瘟疫流行，不敢怠慢，顾不得歇一歇因长途跋涉而劳累的身子，便背着药箱，携着针包，疾行入城悬壶济世。

经他诊断，这是一种经空气传播的传染病，而且气温骤降的时候就会复发。于是，他想找到一种能预防这类疾病的药物。他回到城外栖身的屠苏庵中翻阅医书，静心思索，经过几天几夜的细心揣摩、研究，终于在书中找到了一种可以防治这种疫病的药酒。

于是孙思邈配制好药包，分送给得了病的

人,让大家泡在酒中服用。常州城的病人服了孙思邈的药酒之后,身体日渐强壮,再没有一个发病的。人们对孙思邈敬之若神,亲切地称呼他为"药王爷"。

古人围坐饮屠苏酒图

孙思邈把饮屠苏酒可以预防瘟疫写到了他的著作《备急千金要方》中:"饮屠苏,岁旦辟疫气,不染瘟疫及伤寒。"每年腊月,孙思邈总是要分送给乡亲们一包药,告诉大家以药泡酒,除夕进饮,可以预防瘟疫。经过历代相传,

第二章　历史防疫故事小趣闻

饮屠苏酒便成为过年的风俗。

后来，很多医生也仿效孙思邈的做法，每到大年夜便分送给附近的邻居每家一包草药，嘱咐大家和着酒杯里的酒，每人各饮一杯，这样一年中就不会得瘟疫。由此看来，古人守岁饮屠苏酒的习惯，从强身健体、防治疫病的角度看是有一些道理的。

古时候人们饮屠苏酒的饮法很特别。一般饮酒总是从年长者饮起，但是饮屠苏酒却正好相反，是从最年少的人饮起。合家欢聚饮屠苏酒时，先从年少的小儿开始，年纪较长的在后，逐人饮少许。

晋议郎董勋解释说喝屠苏酒之所以是一家人中年纪最小的先喝，年纪大的后喝，原因是：小孩过年增加了一岁，所以大家要祝贺他；而老年人过年则是生命又少了一岁，拖一点时间再喝,含有祝他们长寿的意思。宋代郑望之《除夕》诗写道:"可是今年老也无,儿孙次第饮屠苏。一门骨肉知多少,日出高时到老夫。"这种别开生面的饮酒次序,在古代每每令人产生种种感慨,所以给人留下了深刻的印象。直至清代,这一习俗仍流传不衰。

因屠苏酒的配方出自华佗,是防治疫病的有效药方,又为孙思邈、张仲景、李时珍等诸多名医所推崇,因此在有些地方被传为神话,久而久之,春节期间饮屠苏酒便形成了民俗,遍及全国各地和多个民族,代代传承。

春节打醋炭

很多节日的防疫风俗,来源于对疾病产生原因的认识。

镇宅神判版画

古代人通过长期的观察,逐步积累了对疾病病因的认识,他们发现疾病的产生和环境有很大的关系:一是自然界的灾异现象给人们带来许多疾病,如狂风、暴雨、寒冷、酷热等,天气变化的无常会引起疾病;还有就是与人类一起生活在世间的一些害虫会危害人们的健康,把疾病带给人们。

镇宅真君版画

第二章 历史防疫故事小趣闻

基于这样的认识,在节日的风俗中,就融入了许多预防疾病的方法。很多防疫方法非常特别,逐渐形成风气,一代一代传承下来,形成民俗。比如,每年第一天,即"元日"这天,各家各户都早起燃放鞭炮以驱邪。每户的家长拿出一些自家酿造的陈醋,倒入燃烧的炉火中,醋入烈火,醋气腾空而起,屋内便被醋气熏蒸了一遍。据说这样可以祛除瘟疫,这一风俗就叫作"打醋炭"。

我们现在对房屋消毒的时候也会用醋熏蒸。醋熏可以消灭空气中的一部分有害物质,帮助人们提高免疫力,祛疫避毒,也是对环境的一种净化。

元宵节防疫民俗

我国的很多传统民俗,都有防疫的元素。可以说,很多节气和习俗都和防疫息息相关。

"走百病"是明清以来北方汉族的传统民俗,有的地方在正月十五,有的地方在正月十六。人们穿着节日盛装,成群结队走出家门,到野外走一走,称为"走百病",其实是"百病走",祈求新的一年百病不生。

人们到野外走一走,除了游玩,还有舒散筋骨之意。

走是全身运动,是有氧运动,可以强身健体。"走百病"一来可以强身健体;二来可以愉悦身心，到野外大自然中去，可以使人开阔胸襟，呼吸新鲜空气；三来大家集体出游，还可以互相交流，促进感情，这对保持身心健康也大有益处。

所以，民俗中称这种出游为"走百病"或"散百病"，祛病健体之寓意明显，类似今日的全民健身活动。在欢乐热闹的气氛中，人们根据日常的生活经验，登高过桥免腰疾，燃烧艾叶以灸病灶。这种行为表现了人们在生活中对疾病的主动预防。

元宵节次日烤火的风俗在许多地方都很盛行。人们找一个空旷干燥，火不容易蔓延燃烧的地方，将干柴或煤堆放在一起，掌灯时分点燃。人们围着火堆，将自己的衣服靠近火烤，希望可以祛除一年的疾病，俗称"燎百病"。

历代防疫故事

火神灭疫版画

待到篝火燃尽,人们看看火是否彻底熄灭,防止死灰复燃发生火灾。然后,一家之长便手持铁锹,铲起灰烬盖在各个污秽之处,口中说着"把蚰蜒送到厕所了!",意思是把各种害虫都消灭了。古人为了消灭害虫,会经常给居处消消毒,比如,端午节会给门窗喷洒雄黄水、雄黄酒,冬天会围绕院子撒一圈石灰,有时

第二章 历史防疫故事小趣闻

候还会熏燃一些中草药来杀灭空气中的有害细菌和虫子。

天师驱赶疫鬼版画

古籍上有"用青灰围绕宅舍播撒"以及"用柴灰围屋避五瘟"的记载。也就是说,元宵节"燎百病"这个习俗,其实就是为了防止虫子传播疾病而形成的。

古人很重视防范虫媒介传染的疾病,会通过季节性的熏蒸来预防。早在西周时期,古人就有定期抹墙、堵洞、烟熏等灭鼠灭虫法,这个办法也作为民俗流传下来了。

端午节也是防疫节

农历五月初五是我国的传统节日端午节。人们在这一天洒扫庭院,挂艾枝,悬菖蒲,洒雄黄酒等,以此杀菌,避恶去毒,并开展各种体育健身活动。可以说,端午节是一个名副其实的"公共卫生防疫节",

避瘟灭毒版画

沐兰汤、赛龙舟，避免"五毒"侵扰，都反映了古人对疾病的超强预防意识。

人们之所以如此重视这些活动，和端午时节的特点密不可分。因为端午节是五月初五，实际上夏天已到，气温骤然上升，蛇虫繁殖，疾病瘟疫容易流行。民间一直有"善正月，恶五月"之说。古人虽然没有现代医学知识，但是生活的经验足以使他们认识到这是一个疾病高发期，所以称它为"恶月"。人们选定五月"重五"之日作为节日，采取一系列措施来保持健康。那么，人们具体是怎么做的呢？

通常，人们会在屋角及各阴暗处撒石灰、喷雄黄酒、燃药烟，以灭"五毒"，杀灭害虫和空气中的有害细菌，"驱秽气"。

同时，还要在屋中贴上五毒图，五毒就是

古人认为有毒的五种动物，包括蝎子、蜈蚣、蛇、壁虎、蟾蜍。人们也会在儿童的鞋子、衣服、肚兜上绣上五毒图案，还要吃"五毒饼"。五毒饼就是用刻着五毒图案的模子做成的糕点。人们吃掉五毒饼，尤其是让孩子吃，祈愿五毒不侵。

除了通过舌尖上的美食强身健体，人们还会通过在屋内外悬挂菖蒲、艾叶等植物来消毒灭菌、驱除害虫。

在门口挂艾草、菖蒲是端午节流传最广的民俗。《红楼梦》当中有"蒲艾簪门，虎符系臂"的句子。菖蒲的形状像宝剑，所以又叫"蒲剑"。艾叶一般扎成老虎的形状。古人认为虎是神兽，可以辟邪，端午节就用艾草扎成老虎的形状，称为"艾虎"，以此驱邪。其实主要是因

端阳福虎版画

为艾叶和菖蒲都是中草药,艾叶有去痰、消炎、化寒湿的功能;菖蒲根含有挥发性芳香油,产生的奇特芳香可驱蚊蝇虫蚁,净化环境,因而

第二章 历史防疫故事小趣闻

衍生出"禳毒辟邪"的含义。

还有一种风俗,父母在端午节时要给孩子准备香囊,里面装上朱砂、雄黄,孩子挂在身上可以避虫,五毒不侵。现在的香囊填充物已经复杂得多,除了雄黄,人们还常常装入苍术、白芷、菖蒲、川芎、藁本、甘松、山奈、冰片、樟脑等芳香的中药,使这些香囊具有更好的祛毒防疫效果。

端午还有饮雄黄酒的习俗,从前在长江流域极为盛行。雄黄是一种矿物质,主要成分是硫化砷,并含有汞,有杀菌驱虫、解五毒的功效,常用来治皮肤病。《新白娘子传奇》中,白娘子端午节饮雄黄酒现出原形,就是因为雄黄能够祛除蛇虫。饮用的雄黄酒是在白酒或自酿的黄酒里加入微量雄黄而制成。因为雄黄有毒性，饮用有一定的危险性，人们就改在五月五日前后以雄黄酒洒在墙壁或门窗上来达到驱邪杀虫的目的。

端午节还有沐兰汤的风俗，也和防疫有关。用兰汤沐浴是端午节的风俗里最早有文献记载的，所以古代端午节又称为"浴兰节"。这里的兰不是现在的兰花，而是菊科中药佩兰，有香气，可以煮水沐浴。用草药汤沐浴不仅可以清洁身体，也有一定的治病作用，譬如对某些皮肤病。民谚"洗了端午澡，一年身上好"说的就是这个道理。这也是针对五月这个"恶月"所采取的积极预防措施。

过去人们还喜欢在端午期间挂钟馗像，画钟馗的红色，基本上是用的朱砂。中国传统民俗里头，朱砂就是一个驱邪、扶正、祛湿、定惊

第二章　历史防疫故事小趣闻

的药物。

端午节用朱砂绘制的钟馗

当然,端午节还有个传统活动:赛龙舟。

可能很多人不知道,赛龙舟其实也是一种"禳灾"的仪式,龙舟原本是"遣灾送瘟舟",寄托着人们对吉祥健康的祈愿。把赛龙舟与屈原联系起来,最早记载于《荆楚岁时记》。书中说五月五日竞渡,是因为这天是屈原投汨罗日,人们哀伤屈原的死,所以命人驾舟楫,希望能够拯救屈原。但其实屈原死亡之前已经有了竞渡这个民俗。"赛龙舟"又叫"竞渡",说明这项活动的原意,还是为了健身以防疫。

端午是各个节日中民俗花样最多的,这些习俗的一个核心内涵就是清洁祛疾,驱邪远害,健身避疫。人们通过生活经验,形成了防疫病、祛瘟毒的习俗。纪念屈原固然有很好的教育意义,但应时而生、顺应自然的防疫理念也值得我们去提倡发扬。

第二章　历史防疫故事小趣闻

民俗学者认为,端午节的健康防疫习俗既体现了古人对生存环境和自身健康的关切,也蕴含着传统中医防病治病的智慧。

六月初六天贶节

六月是收获的季节,六月初六日是民俗中的天贶节。

这一天各地民众用新收获的小麦做成炒面。此外,还要暴晒衣物、书籍等,利用夏季强烈的阳光进行消毒杀菌。

据古籍记载,在农历六月六日这天,黎明打水用以造酒、酱、曲、豆豉,用瓮装好密封好,可以保存一个月不坏。这一天拿藏书出来在太阳下暴晒,晒被子和冬天的衣服,这样它们就不会被虫蛀了。把小麦面放在锅里炒熟,拌盐或糖食用,可以除腹痛。

第二章 历史防疫故事小趣闻

古人认为注意饮食卫生、饮水卫生和个人卫生,也是防治疫病的良好办法。孔子主张食物要烧熟烧透,半生的食物不吃,少吃肉类,防止病从口入,腐败变质的食物是重要的病源,万万不能吃。

六月六这天古人把衣服和被褥、书籍等拿出来晾晒,杀死细菌,保持身体健康。又在这天酿造酒和酱,因为这时气候干燥,食物不容易腐败。吃新鲜和健康的食物,不容易患痢疾等肠道疾病。

重阳节防疫活动

重阳节是农历的九月九日。因在我国古代阴阳学说的概念中"九"为阳数,九月九日,月份和日皆为阳数,二阳相加,故名"重阳"。关于这一点,曹丕在《九日与钟繇书》中写道:"岁往月来,忽复九月九日,九为阳数,而日月并应,俗嘉其名。"

重阳节各地有登高、插茱萸、赏菊、饮菊花酒、比武等习俗,这些习俗到魏晋时期已基本全部形成。这些习俗不少都与防疫息息相关。

据《西京杂记》记载,每年重阳节这一天,人们佩戴茱萸,食用蓬饵,饮菊花酒。古人认

第二章 历史防疫故事小趣闻

为茱萸到这一天就成熟了,气味浓烈、颜色鲜红,折来插在头上,可以避除恶气,抵御初寒。"遥知兄弟登高处,遍插茱萸少一人。"唐代诗人王维的诗中说的"插茱萸",就是重阳登高的重要内容。

茱萸

重阳节插茱萸的习俗始于西汉。古人认为，茱萸不但具有治寒祛毒的药效，而且有增年益寿、辟邪去灾的作用，故称茱萸为"辟邪翁"。《淮南万毕术》中记载："井上宜种茱萸，叶落井中，人饮其水，无瘟疫。"在古人认知中，茱萸的驱恶辟邪之力，由此可见一斑。

《续齐谐记》中有个传说，汝南桓景跟随费长房学习修道，有一天，费长房告诉桓景，九月九日这一天，他家有大灾难，让他赶快回家，给全家人各做一个装有茱萸的红色袋子系在手臂上，登高饮菊花酒，可以消灾。桓景马上回家按照费长房说的做了，全家人得以免灾。这个类似神话的故事，反映了人们躲避瘟疫、祈求健康的殷切希望。

第二章 历史防疫故事小趣闻

茱萸

将茱萸和艾叶装入香囊,重阳节外出登山游玩时,不时放在鼻子前嗅闻,可以祛风邪、防瘟疫。这个习俗流传了很多年。

"九日重阳节,开门有菊花。"王勃诗中写的是重阳赏菊之事,赏菊是九月九日重阳节的主题活动之一。菊花因在九月开放,成为重阳节的重要标志。除了赏菊,重阳节还有簪菊、做菊枕、饮菊花酒等习俗。

人们对菊花的重视,古已有之。菊花有疏风、清热、明目、解毒四大功效,菊花入药非常常见。菊花对头痛、眩晕、烦热、目痛、目赤、肿毒皆有治疗作用。有名的成方如桑菊饮、菊花酒、菊花散、杞菊地黄丸、菊睛丸、菊花甘草汤等,有的至今还是临床常用的中成药。

用菊花做药枕、药茶,古药典上也有记载。用菊花做枕头可以醒脑明目,防止头痛。喝菊花茶可以明目,防止眼睛生病。

重阳节这天,人们还用菊花、金银花及其他中草药来泡水洗澡,可以预防和治疗皮肤病。以各色香草及菊花、金银花煎汤沐浴,谓之"扫疥"。古人很注意个人卫生,汉代的法律中有对官员洗澡的规定,朝廷放假让他们洗澡,所以古代官员放假叫"休沐"。通过沐浴,搞好个人卫生,预防疫病流传。

送瘟神

《送瘟神》是毛泽东主席在得知江西省余江县消灭了血吸虫病后创作的两首七律诗。

其一

绿水青山枉自多,华佗无奈小虫何!

千村薜荔人遗矢,万户萧疏鬼唱歌。

坐地日行八万里,巡天遥看一千河。

牛郎欲问瘟神事,一样悲欢逐逝波。

其二

春风杨柳万千条,六亿神州尽舜尧。

红雨随心翻作浪,青山着意化为桥。

天连五岭银锄落,地动三河铁臂摇。

借问瘟君欲何往,纸船明烛照天烧。

古代一直有送瘟神的习俗。生活在现代的我们可能感觉挺新鲜的,"瘟"还有"神"?

古时候,人们对于疾病不能做出合理的解释,认为都是来源于瘟神。除了平时要祭祀瘟神,等到过年的时候还要集体送瘟神,以祈求来年没有疾病,不要流行瘟疫,一家人能够健康平安。

那瘟神是个什么神?

瘟神是古代民间传说中能散播瘟疫的恶神。至于瘟神是谁,说法也不太一样。有一种说法是瘟神叫吕岳,是截教通天教主的徒弟。吕岳三头六臂(有点像哪吒),手提指瘟双剑,且有列瘟印、瘟疫钟、定形瘟幡、瘟伞、瘟丹等多件法宝,最强的能力自然就是散播瘟疫。

也有传说瘟神另有其人。据《三教源流搜

神大全》记载,瘟神有五位,分别为春瘟张元伯、夏瘟刘元达、秋瘟赵公明、冬瘟钟仕贵、总管中瘟史文业。他们的职责就是按照天庭的规定,不定期地在人间散播瘟疫。后隋文帝下令修建祠堂,供奉五瘟神。五瘟神最终被道教吸收进来,成为瘟部正神。

五瘟使者版画

古代常常发生瘟疫,人们希望能够把瘟神送走,为此便举行一些仪式送瘟神,希望瘟神大人们早日离去，意思是这一次我们已经吸取了足够的教训、付出了足够的代价，你们的任务已经完成了，快快回天宫交差去吧。

这有点像祭灶，祭灶是希望灶王爷和灶王奶奶"上天言好事，下界降吉祥"。祭灶现在就是一种民俗，图个吉利，增加过年气氛。

因为习俗不同，各个地方送瘟神的时间也不一样，一般是在农历的正月十六这一天进行。也有的地方是正月十五。人们将纸和竹子扎成船，然后将一些动物的毛发、煮过的黑豆、芝麻等倒到里面，然后抬起来沿街游行，最后将纸船点燃放到水里，让其顺着水漂走，就完成了送瘟神的仪式，所以毛主席在诗中写道："借问瘟君欲何往，纸船明烛照天烧。"

还有的地方是大年初五送瘟神，和"送五穷"一起举行。人们大清早在大路边或者十字

第二章 历史防疫故事小趣闻

路口燃放鞭炮,然后将过年积攒的垃圾扫出去,也就是送瘟神。

各地送瘟神的仪式大同小异,在有的地方人们装扮成各种怪神,走街串巷,敲锣打鼓,走到谁家门口谁家点燃鞭炮送瘟神出门。

这么看来,送瘟神其实也是古人清理家庭环境,扫除家里的垃圾,大家一起来搞大扫除,同时又含有祈福色彩的这么一个活动。

古人很早之前就发现了环境卫生和传染病的关系,平时经常打扫和逢年过节定期举行群众性大扫除相结合,作为防疫的一种手段代代相传。

第三章　预防新型冠状病毒感染的生活要素

预防新型冠状病毒感染，我们需要怎么做

一、避免去疫情高发区。疾病流行期间减少走亲访友和聚餐，尽量在家休息。

二、避免到人流密集的场所。避免到封闭、空气不流通的公共场所和人多聚集的地方，特别是儿童、老年人及免疫力低下人群。外出要佩戴口罩。

三、注意个人卫生。勤洗手，用肥皂和清水搓洗20秒以上。打喷嚏或咳嗽时注意用纸巾或肘部捂住口鼻，不宜直接用双手捂住口鼻。少接触公共场所的物品，从公共场所返回、咳嗽手捂之后、饭前便后，用洗手液或肥皂

洗手。

四、每天开窗通风。居家时每天都应该开窗通风一段时间,加强空气流通,以有效预防呼吸道传染病。家庭成员不共用毛巾,保持家具、餐具清洁,勤晒衣被。

五、不随地吐痰。口鼻分泌物用纸巾包好,弃置于有盖垃圾箱内。

六、不要接触、购买和食用野生动物;尽量避免前往售卖活体动物(禽类、海产品、野生动物等)的市场。

七、及时观察就医。如果出现发热(特别是高热不退)、咳嗽、气促等呼吸道感染症状,应佩戴口罩及时就医。

八、家庭备置体温计、医用外科口罩、消毒用品等物资。

九、如果近期去过疫情高发区,回到住地

第三章 预防新型冠状病毒感染的生活要素

后要按照要求进行上报和隔离，要特别留意自己及周围人的身体状况，并尽量避免前往公共场所与人群密集处。如果出现乏力、发热、干咳、肌肉酸痛、气促等症状，应正确佩戴口罩，立即就医，就医时要避免乘坐公共交通工具，应主动告知医生自己疫情高发区旅居史和接触史。

正确佩戴口罩

戴口罩是阻断呼吸道分泌物传播的有效手段,市民日常防护要选择医用外科口罩。

一、戴口罩时,要将折面完全展开,将嘴、鼻子、下颌完全包住,然后压紧鼻夹,使口罩和面部完全贴合。

二、戴口罩前应洗手,或者在戴口罩过程中避免手接触口罩内面,以降低口罩被污染的可能性。

三、要分清楚口罩的内外、上下,浅色面是内面,内面贴着口鼻,深色面朝外。有金属条(鼻夹)的一段是口罩的上方。

七步洗手法

在餐前、便后、外出回家、接触垃圾、抚摸动物后,要记得洗手。

洗手时,要注意用流水和洗手液(肥皂)洗,揉搓的时间不少于20秒。揉搓时要仔细地洗到手的每个地方,可以用七步洗手法:

第一步:掌心对掌心,相互揉搓;

第二步:掌心对手背,两手交叉揉搓;

第三步:掌心对掌心,十指交叉揉搓;

第四步:十指弯曲紧扣,转动揉搓;

第五步:拇指握在掌心,转动揉搓;

第六步:指尖在掌心揉搓;

第七步：搓洗清洁手腕。

洗完手后使用干净、消过毒的毛巾或纸巾擦手。

居家防护

一、勤通风,确保室内空气流通。

二、勤打扫,每星期最少彻底清洁居家环境一次。

三、勤消毒,水杯、餐具可以煮沸15—30分钟消毒。可以对经常接触的物品进行消毒,比如门把手、手机、遥控器。消毒可以用75%的酒精擦拭。

四、勤洗澡,注意个人卫生。

出门在外,我们要怎么做

一、尽量避免去人群密集的公共场所,以减少和人群接触的机会。如果必须前往公共场所,要选择符合标准的口罩并正确佩戴口罩,以降低接触病原体的风险。同时,要尽量避免去疾病流行的地区,以降低感染风险。

二、尽量不参加聚餐。在疾病流行的季节,要减少聚餐的次数,降低患病风险。要佩戴口罩,以减少疾病传播。聚会或聚餐时,尽量选择通风良好的场所。如果有发热、咳嗽、咽痛等不适症状,不应参加聚餐。

三、去超市和农贸市场时,要佩戴口罩,避

第三章 预防新型冠状病毒感染的生活要素

免接触活体和野生动物,不屠宰或食用病死的禽类、畜类和野生动物。

四、乘坐公共交通工具,首先要确保自己的身体是健康的,如果有发热、咳嗽等不适症状,应避免乘坐公共交通工具。切记要正确佩戴医用外科口罩。

五、打喷嚏和咳嗽时,含有病毒的飞沫可以散布到大约2米远的空气中,所以打喷嚏或咳嗽的时候要注意用纸巾或曲肘(而不是用手)掩住口鼻。把打喷嚏和咳嗽时用过的纸巾放入带盖的垃圾桶内。

六、避免手在接触公共物品或设施后直接接触面部或眼睛。有条件时要用流动的水和肥皂洗手,或用免洗消毒液清洁双手。